O Guia do Investidor Iniciante

André Oliveira

Sumário

Sumário

Introdução

Bem-vindo ao livro "O Guia do Investidor Iniciante". Neste livro, embarcaremos juntos em uma jornada de aprendizado sobre o mundo dos investimentos, voltada especialmente para aqueles que desejam dar seus primeiros passos nesse universo financeiro.

Meu nome é André Oliveira, e como você, eu também já fui um investidor iniciante, cheio de dúvidas e incertezas. A minha jornada começou cedo, aos 16 anos, quando tive meu primeiro contato com o mundo dos investimentos. Infelizmente, acabei caindo em uma armadilha financeira aos 17 anos, envolvendo-me em uma pirâmide que resultou em perdas significativas.

No entanto, ao invés de desistir, essa experiência dolorosa despertou em mim uma sede de conhecimento e um desejo de compreender os princípios fundamentais dos investimentos. A partir dos 18 anos, decidi investir profissionalmente o meu próprio dinheiro, mas desta vez, de forma responsável e embasada em uma sólida educação financeira.

Neste livro, compartilharei com você os aprendizados que obtive ao longo da minha jornada. Abordaremos os conceitos básicos dos investimentos, desde a importância de investir até a construção de uma carteira diversificada. Exploraremos os diferentes tipos de investimentos, os princípios de avaliação de risco e retorno, e as estratégias que podem ser adotadas no longo prazo.

Lembre-se, investir é um processo contínuo de aprendizado e adaptação. Não há atalhos para o enriquecimento rápido, mas com conhecimento e dedicação, você pode trilhar um caminho sólido rumo à independência financeira.

Este livro é um convite para que você embarque nessa jornada de aprendizado e se torne um investidor informado e confiante. Vamos começar nossa caminhada rumo a um futuro financeiro mais próspero juntos.

Capítulo 1: Introdução aos investimentos

Olá! Sou o André Oliveira e estou muito animado em compartilhar com você os primeiros passos no mundo dos investimentos. Aos 21 anos, nascido em 2002 em São José dos Pinhais, tive meu primeiro contato com o tema quando tinha apenas 16 anos. Aos 17, infelizmente, acabei caindo em uma pirâmide financeira, mas foi uma lição valiosa que me ensinou a importância de investir de forma inteligente. Aos 18 anos, comecei a investir meu próprio dinheiro de maneira mais profissional.

Neste livro, vou guiar você através dos fundamentos dos investimentos de uma forma simples e acessível. Se você é um iniciante no assunto, fique tranquilo, pois estou aqui para te ajudar a entender o mundo dos investimentos e dar os primeiros passos rumo ao seu sucesso financeiro.

Investir pode parecer assustador no início, mas acredite em mim, é mais simples do que parece. Vamos começar entendendo por que investir é importante e quais são os conceitos básicos que você precisa conhecer.

Ao longo deste livro, vamos desmistificar alguns mitos comuns sobre investimentos e ajudá-lo a definir objetivos financeiros realistas. Afinal, ter clareza sobre suas metas é fundamental para tomar decisões de investimento adequadas.

Você descobrirá que existem diferentes tipos de investimentos disponíveis, cada um com suas características e riscos específicos. Exploraremos os investimentos de renda fixa, como títulos públicos e CDBs, bem como os investimentos de renda variável, como ações e criptomoedas. Além disso, vamos abordar outras opções, como fundos multimercado e investimentos no exterior.

É importante entender como avaliar o risco e o retorno de um investimento. Vou compartilhar com você algumas dicas sobre como equilibrar esses dois elementos, ajudando-o a tomar decisões mais informadas.

Construir uma carteira de investimentos diversificada é um dos segredos para o sucesso a longo prazo. Vamos discutir a importância da alocação de ativos e como encontrar o equilíbrio certo que se encaixa no seu perfil de investidor.

No mundo moderno, existem diversas ferramentas e plataformas disponíveis para facilitar seus investimentos. Discutiremos as características das corretoras de valores, aplicativos de investimento e robôs de aconselhamento automatizado, para que você possa escolher a melhor opção para você.

Educação financeira é uma parte crucial do processo de investimento. Vou compartilhar algumas recomendações de livros, blogs e podcasts para ajudar a expandir seus conhecimentos. Além disso, vou destacar a importância de estar sempre aprendendo e se atualizando nesse mundo em constante evolução.

Então, se você está pronto para dar os primeiros passos em direção a uma vida financeira mais sólida e próspera, vamos começar! Lembre-se, investir é um processo contínuo de aprendizado e ação. Estou aqui para te acompanhar nessa jornada e ajudar você a se tornar um investidor de sucesso.

Por que é importante investir?
Investir é mais do que apenas guardar dinheiro em uma conta bancária. É a chave para o crescimento e a multiplicação dos seus recursos financeiros ao longo do tempo. Aqui estão algumas razões pelas quais investir é fundamental:

Crescimento do patrimônio: Quando você investe seu dinheiro de forma inteligente, ele tem a oportunidade de crescer e se valorizar. Diferentes tipos de investimentos oferecem diferentes níveis de retorno, mas, de maneira geral, o objetivo é obter um retorno maior do que o simples armazenamento do dinheiro embaixo do colchão.

Proteção contra a inflação: A inflação é o aumento geral dos preços ao longo do tempo. Quando você mantém seu dinheiro parado, ele pode perder valor devido à inflação. No entanto, ao investir, você tem a chance de superar a inflação e preservar ou aumentar o poder de compra do seu dinheiro.

Realização de objetivos financeiros: Seja comprar uma casa, financiar a educação dos filhos, fazer uma viagem ou garantir uma aposentadoria tranquila, investir é uma forma eficaz de alcançar seus objetivos financeiros. Ao estabelecer metas claras e investir de maneira consistente, você pode aumentar suas chances de realizá-las.

Geração de renda passiva: Alguns tipos de investimentos, como ações pagadoras de dividendos ou imóveis para aluguel, podem gerar uma renda regular. Essa renda passiva pode ajudar a complementar sua renda principal e proporcionar maior estabilidade financeira ao longo do tempo.

Diversificação do patrimônio: Investir em diferentes classes de ativos, como ações, títulos e imóveis, permite que você diversifique seu patrimônio. Isso reduz o risco de perder todo o seu dinheiro em um único investimento e aumenta suas chances de obter retornos mais consistentes.

Agora que você entende por que investir é tão importante, vamos explorar os princípios básicos dos investimentos. Entender esses conceitos fundamentais ajudará você a tomar decisões informadas e a maximizar seu potencial de crescimento financeiro.

Os princípios básicos dos investimentos
Agora que compreendemos a importância de investir, é hora de explorar os princípios básicos que regem o mundo dos investimentos. Ao entender esses princípios, você estará melhor equipado para tomar decisões informadas e alcançar seus objetivos financeiros. Vamos começar!

Paciência e horizonte de tempo: Investir é um processo de longo prazo. É importante ter paciência e estar preparado para deixar seu dinheiro investido por um período significativo. Os melhores resultados geralmente são alcançados ao longo de anos ou décadas, permitindo que seus investimentos se beneficiem do poder dos juros compostos e superem a volatilidade de curto prazo do mercado.

Risco e retorno: Existe uma relação intrínseca entre risco e retorno nos investimentos. Em geral, investimentos que oferecem maior potencial de retorno tendem a carregar um nível mais elevado de risco. É importante entender seu próprio perfil de tolerância ao risco e encontrar um equilíbrio adequado entre o retorno desejado e a disposição de lidar com possíveis perdas.

Diversificação: A diversificação é uma estratégia fundamental para reduzir o risco de uma carteira de investimentos. Em vez de concentrar todo o seu dinheiro em um único investimento, diversifique seus recursos em diferentes classes de ativos (como ações, títulos e imóveis) e setores da economia. Dessa forma, você pode mitigar o impacto negativo de um único investimento que possa ter um desempenho inferior.

Educação financeira: A busca constante pelo conhecimento financeiro é essencial para se tornar um investidor bem-sucedido. Dedique tempo para aprender sobre os diferentes tipos de investimentos, os mercados financeiros e as estratégias de investimento. A educação financeira permitirá que você tome decisões mais informadas e aumente suas chances de alcançar resultados positivos.

Acompanhamento e ajustes: O acompanhamento regular de seus investimentos é fundamental. Monitore o desempenho de suas posições e faça ajustes conforme necessário. À medida que a vida e as circunstâncias mudam, pode ser necessário reavaliar sua estratégia de investimento e realocar seus recursos de acordo.

Lembre-se de que os princípios básicos dos investimentos são apenas o começo. À medida que você avança em sua jornada como investidor, você encontrará novos conceitos e estratégias. A chave é continuar aprendendo, adaptando-se às mudanças e mantendo um olhar atento para aproveitar as oportunidades que surgem. No próximo capítulo, vamos explorar alguns mitos comuns sobre investimentos e desmistificar ideias equivocadas que podem atrapalhar seu progresso como investidor iniciante.

Mitos comuns sobre investimentos
No mundo dos investimentos, há uma série de mitos e ideias equivocadas que podem atrapalhar o seu progresso. É importante desmistificar essas crenças e entender a realidade por trás delas. Vamos explorar alguns dos mitos mais comuns sobre investimentos:

Investir é apenas para pessoas ricas: Um dos mitos mais persistentes é a ideia de que apenas pessoas com muito dinheiro podem investir. Na realidade, qualquer pessoa, independentemente de sua situação financeira, pode começar a investir. É possível começar com pequenos valores e ir aumentando ao longo do tempo. O importante é dar o primeiro passo e aproveitar o poder do tempo a seu favor.

Investir é extremamente arriscado: Embora todo investimento carregue algum nível de risco, isso não significa que seja extremamente arriscado. Com uma abordagem adequada e diversificação de investimentos, é possível reduzir o risco e aumentar as chances de obter retornos positivos. É importante entender o risco de cada investimento e tomar decisões informadas com base em seu perfil de risco.

É necessário ter um conhecimento profundo em finanças: Outro mito é a crença de que é necessário ser um especialista em finanças para investir com sucesso. Embora seja útil ter algum conhecimento sobre investimentos, você não precisa ser um especialista para começar. Com educação financeira básica e a orientação adequada, qualquer pessoa pode se tornar um investidor bem-sucedido.

Investir é como jogar na loteria: Algumas pessoas acreditam que investir é semelhante a jogar na loteria, onde o sucesso é baseado puramente na sorte. Na realidade, o investimento bem-sucedido envolve pesquisa, análise e tomada de decisões informadas. Embora exista sempre um elemento de incerteza, a sorte não é o único fator que determina o sucesso nos investimentos.

É necessário acompanhar constantemente o mercado: Muitas pessoas acreditam que é preciso ficar constantemente monitorando o mercado e fazer transações frequentes para obter sucesso nos investimentos. Embora seja importante acompanhar seus investimentos e fazer ajustes quando necessário, tentar prever o mercado a curto prazo pode ser contraproducente. Uma abordagem de longo prazo, baseada em objetivos claros, tende a ser mais eficaz.

Investir é complicado demais: O mundo dos investimentos pode parecer complexo e intimidador, mas na realidade existem opções simples e acessíveis para os investidores iniciantes. Com a ajuda de corretoras de valores, aplicativos de investimento e outras ferramentas disponíveis, é possível começar a investir com facilidade. À medida que você ganha experiência, pode explorar opções mais avançadas.

Ao desmistificar esses mitos, você estará melhor preparado para iniciar sua jornada como investidor. Lembre-se de que o conhecimento e a educação são suas melhores armas para tomar decisões informadas e alcançar seus objetivos financeiros. No próximo capítulo, vamos discutir a importância de definir objetivos financeiros claros e realistas.

Capítulo 2: Definindo objetivos financeiros

Ao embarcar na jornada dos investimentos, é essencial ter objetivos claros e bem definidos. Neste capítulo, vamos explorar a importância de estabelecer metas financeiras realistas e como isso pode direcionar suas decisões de investimento. Através de uma abordagem estruturada, você poderá determinar seus prazos, identificar os valores alvo e alinhar suas estratégias de investimento de acordo.

Vamos começar entendendo a importância de definir objetivos financeiros. Ter metas financeiras bem estabelecidas é como ter um mapa que guia seus investimentos. Sem objetivos claros, é difícil tomar decisões informadas sobre como alocar seus recursos financeiros.

Neste capítulo, discutiremos os diferentes aspectos de estabelecer metas financeiras realistas. Veremos como identificar prazos e valores alvo, entenderemos a importância da diversificação como parte de uma estratégia de investimento e analisaremos diferentes tipos de investimentos que podem ser adequados para atingir seus objetivos.

Além disso, exploraremos a avaliação de risco e retorno e como encontrar o equilíbrio certo para sua tolerância ao risco e expectativas de retorno. Também abordaremos a construção de uma carteira de investimentos diversificada, incluindo a alocação de ativos, a definição do seu perfil de investidor e a consideração de estratégias de longo prazo versus curto prazo.

Ao longo deste capítulo, você encontrará ferramentas e informações práticas para ajudá-lo a definir e alcançar seus objetivos financeiros por meio de investimentos adequados. Além disso, destacaremos as principais ferramentas e plataformas de investimento disponíveis para auxiliar você em sua jornada como investidor.

Lembre-se de que o processo de definir objetivos financeiros é pessoal e único para cada indivíduo. Suas metas podem ser voltadas para a compra de uma casa, aposentadoria, educação dos filhos ou qualquer outra finalidade específica. O importante é dedicar tempo para identificar seus objetivos, traçar um plano e trabalhar diligentemente para alcançá-los.

Estabelecendo metas financeiras realistas
Definir metas financeiras realistas é um passo fundamental para orientar seus investimentos. Ao estabelecer metas claras e alcançáveis, você cria um senso de direção e motivação para tomar as ações necessárias para alcançá-las. Nesta seção, discutiremos os principais elementos a serem considerados ao estabelecer metas financeiras realistas.

Identificando prazos e valores alvo: Comece definindo prazos específicos para suas metas financeiras. Pode ser algo de curto prazo, como uma viagem em um ano, ou de longo prazo, como a aposentadoria em 30 anos. Também é importante determinar o valor alvo que você deseja alcançar para cada objetivo. Por exemplo, se seu objetivo é comprar uma casa, defina o valor aproximado que você deseja economizar.

Considerando sua situação financeira atual: Ao estabelecer metas financeiras, leve em consideração sua situação financeira atual, incluindo sua renda, despesas e dívidas existentes. Seja realista ao definir seus objetivos para garantir que eles sejam alcançáveis de acordo com sua situação financeira atual. Se necessário, faça ajustes em suas despesas e crie um plano para pagar dívidas antes de se comprometer com metas de investimento mais ambiciosas.

Priorizando seus objetivos: É provável que você tenha múltiplos objetivos financeiros, como comprar uma casa, garantir a educação dos filhos e planejar sua aposentadoria. É importante priorizar seus objetivos para determinar quais são mais urgentes e importantes para você. Isso ajudará a direcionar seus esforços de investimento e alocar recursos adequadamente para cada objetivo.

Ajustando as metas ao longo do tempo: As circunstâncias podem mudar ao longo do tempo, o que pode exigir ajustes em suas metas financeiras. Esteja aberto a reavaliar e redefinir suas metas à medida que a vida evolui. À medida que você progride em direção a seus objetivos, pode ser necessário ajustar prazos, valores alvo ou até mesmo adicionar novas metas à lista. A flexibilidade é essencial para manter suas metas financeiras realistas e alcançáveis.

Ao estabelecer metas financeiras realistas, lembre-se de que cada pessoa tem circunstâncias e objetivos únicos. O que pode ser realista para uma pessoa pode não ser para outra. Portanto, evite comparar-se com os outros e concentre-se em suas próprias metas e progresso.

Identificando prazos e valores alvo
Ao estabelecer metas financeiras, é essencial definir prazos e valores alvo para cada objetivo. Isso proporcionará um senso de direção e ajudará você a acompanhar seu progresso ao longo do tempo. Vamos explorar como identificar prazos e valores alvo de maneira eficaz.

Definindo prazos específicos: Cada objetivo financeiro deve ter um prazo específico, ou seja, o período de tempo em que você deseja alcançá-lo. Pode ser um prazo de curto prazo, como um ano ou dois, ou um prazo de longo prazo, como cinco, dez ou até mesmo trinta anos. Ao definir prazos, leve em consideração a natureza do objetivo e sua urgência. Isso ajudará a determinar a abordagem de investimento adequada para cada meta.

Estabelecendo valores alvo: Ao definir suas metas financeiras, é importante determinar o valor exato que você deseja alcançar para cada objetivo. Por exemplo, se você está economizando para uma viagem, estabeleça o valor total necessário para cobrir todas as despesas, incluindo passagens, acomodação, alimentação e outras atividades. Se seu objetivo é acumular um determinado valor para aposentadoria, calcule uma estimativa realista do montante necessário para garantir uma vida confortável no futuro.

Considerando a viabilidade: Ao estabelecer prazos e valores alvo, leve em consideração sua situação financeira atual e sua capacidade de poupar e investir. Seja realista em relação ao tempo necessário para atingir cada objetivo e o valor que você pode realocar de sua renda para investimentos. Não estabeleça metas inatingíveis que possam gerar frustração. Em vez disso, defina metas desafiadoras, porém realistas, que possam ser alcançadas com esforço e disciplina.

Acompanhando e ajustando: À medida que você progride em direção às suas metas financeiras, acompanhe regularmente seu progresso. Verifique se está no caminho certo para atingir seus prazos e valores alvo. Caso necessário, faça ajustes em suas estratégias de investimento ou nos valores a serem economizados para se manter alinhado com seus objetivos. Lembre-se de que as metas financeiras podem ser flexíveis e ajustáveis ao longo do tempo, desde que você mantenha o foco em seus objetivos principais.

Identificar prazos e valores alvo é fundamental para estabelecer metas financeiras realistas. Essa prática permitirá que você acompanhe seu progresso e faça ajustes quando necessário.

A importância da diversificação
Ao investir, é crucial entender e aplicar o conceito de diversificação em sua estratégia. A diversificação é uma estratégia que envolve a distribuição de seus investimentos em diferentes classes de ativos, setores e regiões geográficas, a fim de reduzir o risco e maximizar as oportunidades de crescimento.

A diversificação é uma abordagem fundamental para mitigar o risco em seus investimentos. Quando você diversifica, não coloca todos os seus ovos em uma única cesta. Em vez disso, espalha seu capital por diferentes tipos de investimentos. Isso significa que, se um setor específico ou classe de ativos enfrentar uma queda, outros investimentos em sua carteira podem se sair melhor e compensar as perdas.

Além de reduzir o risco, a diversificação também oferece a oportunidade de aproveitar diferentes oportunidades de crescimento. Ao investir em uma variedade de ativos, você aumenta suas chances de obter retornos positivos, pois diferentes investimentos têm desempenhos variados em diferentes momentos. Por exemplo, enquanto alguns setores podem estar em declínio, outros podem estar em ascensão, permitindo que você se beneficie do crescimento em diferentes áreas da economia.

Ao diversificar seus investimentos, é importante considerar diferentes classes de ativos, como ações, títulos, imóveis e commodities. Cada classe de ativos possui características e comportamentos diferentes, o que ajuda a equilibrar sua carteira e reduzir a exposição a riscos específicos de cada classe. Além disso, diversificar também implica considerar diferentes setores e regiões geográficas para se beneficiar da diversidade econômica e evitar concentração excessiva em uma única área.

A diversificação pode ser alcançada através da alocação de ativos, que envolve distribuir seu capital entre diferentes investimentos, de acordo com sua tolerância ao risco e objetivos financeiros. Essa alocação pode ser ajustada ao longo do tempo à medida que suas circunstâncias mudam.

Lembre-se de que a diversificação não garante lucros ou proteção completa contra perdas. É importante conduzir uma pesquisa adequada e buscar aconselhamento financeiro profissional ao diversificar sua carteira de investimentos. Cada pessoa tem diferentes necessidades e objetivos, portanto, a diversificação deve ser adaptada às suas circunstâncias individuais.

Ao compreender e aplicar a diversificação em sua estratégia de investimento, você estará construindo uma base sólida para um portfólio equilibrado e resiliente.

Capítulo 3: Tipos de Investimentos

No capítulo anterior, discutimos a importância da diversificação em seus investimentos. Agora, é hora de explorar os diferentes tipos de investimentos disponíveis. Ao expandir seu conhecimento sobre essas opções, você poderá tomar decisões mais informadas sobre como diversificar sua carteira e alcançar seus objetivos financeiros.

Neste capítulo, vamos examinar os dois principais tipos de investimentos: renda fixa e renda variável. Veremos como cada um deles funciona, seus benefícios e considerações importantes. Além disso, exploraremos outras opções de investimento, como fundos multimercado e investimentos no exterior, que podem complementar sua estratégia de investimento.

Entender os diferentes tipos de investimentos é essencial para construir um portfólio equilibrado e alinhado com suas metas. Cada tipo de investimento possui características distintas em termos de risco, retorno e prazo. Ao compreender essas características, você poderá tomar decisões mais informadas e adaptar sua estratégia às suas necessidades e tolerância ao risco.

Ao longo deste capítulo, examinaremos cada tipo de investimento de forma clara e acessível, fornecendo informações essenciais para que você possa tomar decisões informadas. É importante ressaltar que a escolha dos investimentos dependerá de sua situação financeira, objetivos e perfil de investidor. Portanto, é recomendável buscar orientação financeira profissional para ajudá-lo a tomar decisões adequadas ao seu caso específico.

Ao final deste capítulo, você terá uma visão abrangente dos diferentes tipos de investimentos disponíveis e estará melhor preparado para diversificar sua carteira de acordo com suas metas financeiras. A diversificação é uma estratégia poderosa que pode ajudar a minimizar riscos e maximizar oportunidades de crescimento. Vamos começar nossa jornada pelo mundo dos investimentos e explorar as opções disponíveis para você.

Investimentos de Renda Fixa

Os investimentos de renda fixa são uma categoria popular e amplamente utilizada por investidores em busca de maior estabilidade e segurança em seus investimentos. Nessa modalidade, os retornos são baseados em taxas de juros fixas ou pré-determinadas, fornecendo um fluxo de renda regular ao investidor. Vamos explorar alguns dos principais investimentos de renda fixa disponíveis:

1 - Títulos Públicos: Emitidos pelo governo federal, os títulos públicos são uma forma de empréstimo ao governo. No Brasil, o principal título público é o Tesouro Direto, que oferece diferentes opções, como Tesouro Selic, Tesouro IPCA e Tesouro Prefixado. Cada um desses títulos possui características distintas em relação à forma de remuneração e prazo de vencimento.

Tesouro Selic: Seu rendimento está atrelado à taxa básica de juros da economia (taxa Selic). É considerado um investimento de baixo risco, pois oferece maior previsibilidade de retorno.

Tesouro IPCA: Sua remuneração é composta por uma taxa fixa acrescida da variação do IPCA (Índice Nacional de Preços ao Consumidor Amplo), que mede a inflação. É uma opção interessante para proteger o poder de compra do investidor ao longo do tempo.

Tesouro Prefixado: Oferece uma taxa de juros fixa, estabelecida no momento da compra, independentemente das oscilações do mercado. É uma opção para aqueles que desejam saber antecipadamente o rendimento que irão obter.

2 - Certificados de Depósito Bancário (CDBs): São títulos emitidos pelos bancos como forma de captação de recursos. Funcionam como um empréstimo do investidor para a instituição financeira. Os CDBs podem ter diferentes prazos de vencimento, taxas de juros e formas de remuneração, podendo ser prefixados ou pós-fixados.

17

CDB Prefixado: Oferece uma taxa de juros fixa ao investidor durante todo o prazo do investimento, independentemente das oscilações do mercado.

CDB Pós-fixado: Seu rendimento está atrelado a um indicador de referência, como o CDI (Certificado de Depósito Interbancário) ou a taxa Selic. É uma opção interessante para aqueles que desejam acompanhar as variações das taxas de juros.

3 - Fundos de Renda Fixa: São fundos de investimento que aplicam a maior parte de seus recursos em ativos de renda fixa, como títulos públicos, CDBs e debêntures. Os fundos de renda fixa são geridos por profissionais especializados, que selecionam os melhores ativos e buscam maximizar os retornos dentro dos objetivos do fundo.

4 - Além dessas opções, existem outros investimentos de renda fixa, como Letras de Câmbio (LC), Letras de Crédito Agrícola (LCA) e Letras de Crédito Imobiliário (LCI). Esses investimentos são emitidos por instituições financeiras e possuem características semelhantes aos CDBs, oferecendo taxas de juros fixas ou pós-fixadas.

Os investimentos de renda fixa são considerados menos arriscados em comparação com os de renda variável, pois oferecem maior previsibilidade de retorno. No entanto, é importante lembrar que nenhum investimento está isento de riscos, e é essencial analisar os prazos, taxas, liquidez e perfil de cada investimento antes de tomar uma decisão.

Lembre-se de que a rentabilidade dos investimentos de renda fixa está sujeita às condições econômicas e às taxas de juros vigentes. A diversificação também desempenha um papel importante na construção de uma carteira de investimentos equilibrada.

Investimentos de Renda Variável
Os investimentos de renda variável são conhecidos por sua maior volatilidade e risco em comparação aos investimentos de renda fixa.

Nessa modalidade, os retornos não são pré-determinados, e os investidores têm a possibilidade de obter ganhos significativos, mas também enfrentar perdas. Vamos explorar alguns dos principais investimentos de renda variável:

Ações: Investir em ações significa adquirir uma participação em uma empresa. Os investidores se tornam acionistas e podem se beneficiar do crescimento e sucesso da empresa, além de receber dividendos. No entanto, os preços das ações estão sujeitos a flutuações no mercado, refletindo as condições econômicas, notícias, desempenho da empresa e outros fatores.

Fundos Imobiliários: Os fundos imobiliários são veículos de investimento que permitem aos investidores se tornarem proprietários de imóveis comerciais, como escritórios, shoppings, galpões logísticos, entre outros. Os investidores recebem rendimentos por meio do aluguel dos imóveis e podem obter ganhos com a valorização das cotas do fundo. É uma opção para quem deseja investir no mercado imobiliário sem adquirir propriedades individualmente.

Criptomoedas: As criptomoedas, como o Bitcoin e o Ethereum, são moedas digitais descentralizadas que utilizam a tecnologia blockchain. Os investidores podem comprar e vender criptomoedas em plataformas específicas. O valor das criptomoedas é altamente volátil e pode sofrer flutuações significativas em curtos períodos de tempo. É importante ressaltar que o mercado de criptomoedas é considerado de alto risco e requer conhecimento e análise cuidadosa antes de investir.

Derivativos: Os derivativos são contratos financeiros cujo valor deriva de um ativo subjacente, como ações, commodities, índices, entre outros. Alguns exemplos de derivativos são opções, contratos futuros e contratos a termo. Esses instrumentos são usados para realizar estratégias de proteção (hedge) ou especulação, permitindo ao investidor assumir posições baseadas em movimentos futuros dos ativos subjacentes.

É importante ressaltar que investimentos de renda variável envolvem maior risco e exigem um entendimento aprofundado do mercado e das empresas ou ativos em que se está investindo. É recomendável realizar pesquisas, acompanhar notícias e análises, e considerar a diversificação da carteira ao investir em renda variável.

É fundamental lembrar que a decisão de investir em renda variável deve estar alinhada com seus objetivos financeiros, horizonte de investimento e tolerância ao risco. Consultar um profissional de investimentos ou buscar orientação especializada pode ajudar a tomar decisões mais informadas e adequadas ao seu perfil de investidor.

Os investimentos de renda variável podem oferecer oportunidades de crescimento e retornos significativos, mas também envolvem um maior grau de incerteza. É importante ter uma abordagem de longo prazo, diversificar sua carteira e estar preparado para enfrentar volatilidade e possíveis perdas no curto prazo.

Outras Opções de Investimentos
Além dos investimentos de renda fixa e renda variável, existem outras opções que os investidores podem considerar para diversificar suas carteiras e buscar oportunidades de retorno. Vamos explorar algumas delas:

Fundos Multimercado: Os fundos multimercado são fundos de investimento que possuem a flexibilidade de alocar recursos em diferentes classes de ativos, como renda fixa, renda variável, câmbio e derivativos. Essa diversificação permite que os gestores dos fundos explorem oportunidades em diferentes cenários econômicos, buscando maximizar o retorno ajustado ao risco. Os fundos multimercado podem ter estratégias mais conservadoras, visando a preservação do capital, ou estratégias mais agressivas, buscando maiores retornos.

Opções: Opções são contratos que dão ao investidor o direito, mas não a obrigação, de comprar ou vender um ativo em uma data futura a um preço preestabelecido. As opções são utilizadas para estratégias de proteção (hedge) ou especulação. Os investidores podem lucrar com a compra ou venda das opções, aproveitando as flutuações de preço dos ativos subjacentes. No entanto, as opções são instrumentos complexos e exigem conhecimento e análise cuidadosa antes de serem utilizadas.

Day Trade: O day trade é uma estratégia de investimento em que o investidor compra e vende ativos financeiros no mesmo dia, buscando lucrar com as variações de curto prazo nos preços. É uma estratégia de negociação de curto prazo que requer habilidades analíticas, conhecimento do mercado e controle emocional. O day trade pode ser realizado em diferentes mercados, como ações, futuros, moedas e criptomoedas. No entanto, é importante ressaltar que o day trade envolve riscos elevados e pode resultar em perdas significativas.

Investimentos no Exterior: Investir no exterior pode ser uma forma de diversificar a carteira e acessar mercados financeiros internacionais. Os investidores podem adquirir ações de empresas estrangeiras, investir em fundos internacionais, negociar moedas estrangeiras ou adquirir títulos de dívida de outros países. Investir no exterior oferece a oportunidade de se expor a diferentes economias, setores e moedas, mas também pode envolver riscos cambiais e políticos.

Ao considerar outras opções de investimentos, é fundamental entender os riscos envolvidos, avaliar sua adequação ao seu perfil de investidor e buscar conhecimento e orientação adequados. Cada uma dessas opções possui características próprias e requer análise cuidadosa antes de serem incorporadas à sua estratégia de investimento.

Lembre-se de que a diversificação é essencial para reduzir o risco e maximizar oportunidades de retorno. Antes de investir em qualquer uma dessas opções, avalie seus objetivos financeiros, horizonte de investimento, tolerância ao risco.

Capítulo 4: Avaliação de Risco e Retorno

Avaliação de risco e retorno é um dos aspectos fundamentais no processo de investimento. Antes de tomar decisões financeiras, é importante compreender os riscos envolvidos e estimar os possíveis retornos esperados. Neste capítulo, vamos explorar a relação entre risco e retorno, além de fornecer ferramentas e conceitos que ajudarão você a avaliar esses aspectos de forma mais precisa.

Entender o conceito de risco é essencial para tomar decisões informadas. O risco está relacionado à incerteza e à possibilidade de perda financeira. Investimentos com maior potencial de retorno geralmente estão associados a um maior grau de risco. No entanto, o risco não se limita apenas à possibilidade de perdas, mas também inclui a volatilidade, a liquidez, a qualidade do emissor, a capacidade de pagamento e outros fatores relevantes para cada tipo de investimento.

Por outro lado, o retorno é a medida de ganho que um investimento pode gerar. Ele pode vir na forma de juros, dividendos, valorização de ativos ou outros rendimentos. É importante ressaltar que o retorno esperado está intrinsecamente ligado ao risco assumido. Investimentos de maior risco tendem a oferecer um potencial de retorno maior, enquanto investimentos de menor risco geralmente proporcionam retornos mais modestos. Existem várias abordagens e métricas utilizadas para avaliar o risco e retorno de investimentos. Algumas das principais são:

Análise de risco: Consiste em identificar e avaliar os riscos associados a um determinado investimento. Isso envolve examinar fatores como risco de mercado, risco político, risco de crédito, risco de liquidez, entre outros. A análise de risco permite uma compreensão mais profunda dos fatores que podem afetar a rentabilidade de um investimento e auxilia na tomada de decisões mais informadas.

Retorno esperado: É a estimativa dos ganhos que se espera obter com um investimento. Pode ser calculado com base em dados históricos, análises de mercado, projeções econômicas e outros indicadores relevantes. É importante lembrar que o retorno esperado não é garantido e pode variar de acordo com as condições de mercado e outros fatores externos.

Índices de performance: São indicadores que medem o desempenho de um investimento em relação a um benchmark ou a outros investimentos similares. Alguns exemplos de índices de performance são o Índice Bovespa, que mede o desempenho médio das ações listadas na bolsa brasileira, e o S&P 500, que representa o desempenho das 500 maiores empresas dos Estados Unidos. Esses índices permitem comparar o retorno de um investimento com a média do mercado, ajudando a avaliar sua performance.

Ao avaliar risco e retorno, é importante considerar o seu perfil de investidor, seus objetivos financeiros e sua tolerância ao risco. Investidores mais conservadores tendem a buscar investimentos com menor risco, mesmo que isso signifique retornos mais modestos. Já investidores mais agressivos podem estar dispostos a assumir riscos mais elevados em busca de retornos maiores.

No próximo trecho do capítulo, abordaremos em detalhes as métricas e conceitos mais utilizados na avaliação de risco e retorno, como a volatilidade, o índice beta, o coeficiente de Sharpe, entre outros. Compreender essas ferramentas permitirá que você faça análises mais precisas e tome decisões de investimento mais embasadas.

Avaliar o risco e retorno é uma etapa crucial no processo de investimento. Ao entender os riscos envolvidos e estimar os retornos esperados, você estará melhor preparado para construir uma carteira de investimentos alinhada aos seus objetivos financeiros e ao seu perfil de investidor.

Métricas e Conceitos na Avaliação de Risco e Retorno

Na avaliação de risco e retorno, existem diversas métricas e conceitos que podem ser utilizados para analisar e comparar diferentes investimentos. Essas ferramentas fornecem insights sobre a volatilidade, o desempenho relativo e a eficiência de um investimento em relação a outros. Vamos explorar algumas das principais métricas e conceitos utilizados nesse contexto:

Volatilidade: A volatilidade mede a variação dos preços de um ativo ao longo do tempo. É uma medida do risco de um investimento e reflete a sua sensibilidade a flutuações de curto prazo. Quanto maior a volatilidade, maior o risco associado ao investimento. A volatilidade é frequentemente calculada a partir do desvio padrão dos retornos históricos do ativo.

Índice Beta: O índice beta é uma métrica que mede a sensibilidade de um investimento em relação ao movimento do mercado como um todo. Um beta de 1 indica que o investimento tem uma variação de preço equivalente à variação do mercado. Um beta acima de 1 indica que o investimento é mais volátil do que o mercado, enquanto um beta abaixo de 1 indica que é menos volátil. O beta é útil para entender como um investimento se comporta em relação ao mercado e ajuda a estimar seu risco sistêmico.

Coeficiente de Sharpe: O coeficiente de Sharpe é uma métrica que compara o retorno de um investimento em relação ao risco assumido. Ele leva em consideração o retorno médio do investimento e sua volatilidade. Quanto maior o coeficiente de Sharpe, melhor o desempenho ajustado ao risco do investimento. Essa métrica ajuda a identificar investimentos que oferecem um retorno mais atrativo em relação ao seu nível de risco.

Risco-Retorno: A relação entre risco e retorno é um conceito fundamental na avaliação de investimentos. Em geral, espera-se que investimentos de maior risco ofereçam retornos potencialmente mais altos, enquanto investimentos de menor risco apresentam retornos mais modestos. Os investidores devem analisar cuidadosamente essa relação e buscar um equilíbrio adequado entre risco e retorno, de acordo com seus objetivos e tolerância ao risco.

Alfa: O alfa é uma medida de desempenho que compara o retorno real de um investimento ao seu retorno esperado com base em um benchmark. Ele indica a habilidade do gestor ou do investimento de gerar retornos acima do que seria esperado com base no mercado como um todo. Um alfa positivo indica um desempenho superior, enquanto um alfa negativo indica um desempenho inferior em relação ao benchmark.

É importante ressaltar que essas métricas e conceitos são ferramentas analíticas que auxiliam na avaliação de risco e retorno, mas não devem ser utilizados isoladamente. Uma análise completa e abrangente deve levar em consideração outros fatores, como o horizonte de investimento, a diversificação da carteira, as condições de mercado e a análise fundamental dos ativos.

Um benchmark é uma referência utilizada para comparar o desempenho de um investimento. Ele representa o desempenho médio de um mercado, setor ou classe de ativos. Os benchmarks são usados para avaliar se um investimento está indo bem em relação ao desempenho médio do mercado. Eles ajudam os investidores a tomar decisões informadas e avaliar o sucesso de suas estratégias de investimento.

Compreendendo o Conceito de Risco

No mundo dos investimentos, o conceito de risco desempenha um papel fundamental. É essencial entender o que o termo realmente significa e como ele afeta as decisões de investimento. O risco pode ser definido como a incerteza em torno dos resultados financeiros de um investimento, incluindo a possibilidade de perdas financeiras. Existem diferentes tipos de riscos associados aos investimentos, e cada um deles deve ser considerado ao avaliar as opções de investimento. Vamos explorar alguns dos principais tipos de risco:

Risco de Mercado: Também conhecido como risco sistêmico, refere-se ao risco associado às condições gerais do mercado financeiro.

Esse tipo de risco está relacionado a eventos macroeconômicos, flutuações dos preços das ações, taxas de juros, inflação, política monetária e outros fatores que afetam amplamente os investimentos. O risco de mercado não pode ser eliminado, mas pode ser gerenciado através de uma diversificação adequada e da análise cuidadosa das condições do mercado.

Risco Específico: Também chamado de risco não sistemático, refere-se ao risco que afeta um investimento individualmente, como risco empresarial, risco setorial ou risco relacionado a um país específico. Esse tipo de risco pode ser mitigado por meio de uma análise aprofundada dos fundamentos da empresa, da diversificação da carteira e do acompanhamento atento das mudanças no ambiente econômico.

Risco de Crédito: Refere-se à possibilidade de que uma contraparte não cumpra suas obrigações de pagamento. Esse risco é mais comum em investimentos que envolvem empréstimos ou títulos de dívida, como títulos corporativos, debêntures e empréstimos bancários. Avaliar a qualidade de crédito de um emissor e diversificar as exposições de crédito são estratégias importantes para gerenciar o risco de crédito.

Risco de Liquidez: Relaciona-se à capacidade de comprar ou vender um ativo com facilidade, sem causar grandes impactos nos preços de mercado. Investimentos menos líquidos, como imóveis ou investimentos de private equity, podem apresentar um maior risco de liquidez. É importante considerar a liquidez dos investimentos ao construir uma carteira, especialmente para atender às necessidades financeiras de curto prazo.

Risco Cambial: Refere-se à flutuação das taxas de câmbio, que pode afetar os retornos de investimentos realizados em moedas estrangeiras. Investimentos em mercados internacionais estão sujeitos a esse tipo de risco. A gestão adequada do risco cambial envolve a utilização de instrumentos financeiros, como contratos de câmbio e fundos cambiais, para proteger os investimentos contra as variações cambiais.

É importante entender que o risco e o retorno estão interligados. Investimentos mais arriscados geralmente oferecem a possibilidade de retornos mais altos, enquanto investimentos mais seguros têm retornos mais modestos. Cada investidor tem sua própria tolerância ao risco, que é determinada por fatores como idade, objetivos financeiros, horizonte de investimento e aversão pessoal ao risco.

Na busca por uma estratégia de investimento equilibrada, é essencial avaliar e gerenciar cuidadosamente os diferentes tipos de risco. Isso envolve a diversificação da carteira, a análise detalhada dos investimentos, o acompanhamento constante das condições do mercado e a compreensão de como o risco afeta seus objetivos financeiros de longo prazo.

Análise de Retorno Esperado
Ao considerar os investimentos, é fundamental realizar uma análise do retorno esperado. O retorno esperado é uma estimativa dos ganhos ou perdas que um investimento pode proporcionar ao longo de um determinado período de tempo. Essa análise permite aos investidores avaliar o potencial de retorno de um investimento e compará-lo com seu nível de risco. Existem diferentes abordagens e técnicas para realizar a análise de retorno esperado. Vamos explorar algumas das principais:

Retorno Histórico: Uma maneira comum de estimar o retorno esperado é analisar o desempenho passado do investimento. Isso envolve examinar os retornos históricos em um período anterior e usá-los como base para prever o retorno futuro. No entanto, é importante notar que o desempenho passado não garante retornos futuros e pode não refletir as condições atuais ou futuras do mercado.

Modelos Financeiros: Outra abordagem para estimar o retorno esperado é por meio de modelos financeiros. Esses modelos podem levar em consideração fatores como o crescimento da empresa, análise fundamentalista, projeções de fluxo de caixa e outros indicadores relevantes. A utilização desses modelos requer conhecimento e habilidades financeiras avançadas, sendo comumente utilizada por investidores profissionais ou analistas financeiros.

Pesquisas de Mercado: As pesquisas de mercado são outra fonte de informação para a análise de retorno esperado. Essas pesquisas podem envolver a coleta de dados e informações sobre o desempenho do setor, as tendências econômicas, as perspectivas de crescimento e outros fatores que possam afetar o retorno dos investimentos. É importante buscar fontes confiáveis e atualizadas para embasar suas decisões de investimento.

Análise Comparativa: A análise comparativa é uma abordagem em que se compara o retorno esperado de diferentes investimentos antes de tomar uma decisão. Essa análise envolve a comparação de métricas como retorno médio, volatilidade, relação risco-retorno e outras medidas relevantes. A análise comparativa permite identificar os investimentos que oferecem um retorno mais favorável em relação ao seu risco.

É importante ressaltar que a análise de retorno esperado não é uma ciência exata. Ela envolve estimativas e projeções que podem estar sujeitas a erros e incertezas. Portanto, é recomendável utilizar várias abordagens e fontes de informação, bem como considerar a diversificação da carteira, para reduzir os riscos associados a uma única previsão.

Como encontrar o Equilíbrio Certo entre Risco e Retorno
Encontrar o equilíbrio certo entre risco e retorno é um dos desafios mais importantes na tomada de decisões de investimento. Cada investidor possui uma tolerância ao risco única, e a busca pelo equilíbrio ideal envolve considerar diversos fatores. Aqui estão algumas estratégias para ajudá-lo nesse processo:

Avalie sua Tolerância ao Risco: Antes de iniciar qualquer investimento, é crucial entender sua própria tolerância ao risco. Isso envolve avaliar sua capacidade financeira para suportar perdas, seu horizonte de investimento e suas metas financeiras de longo prazo. Uma pessoa com um perfil conservador tende a buscar investimentos de menor risco, enquanto um investidor mais agressivo pode estar disposto a assumir maiores riscos em busca de retornos mais altos.

Diversifique sua Carteira: A diversificação é uma estratégia eficaz para encontrar o equilíbrio entre risco e retorno. Ao distribuir seus investimentos em diferentes classes de ativos, setores, regiões geográficas e instrumentos financeiros, você reduz a exposição a riscos específicos e pode aproveitar oportunidades de crescimento. Uma carteira bem diversificada pode ajudar a minimizar os impactos negativos de eventos adversos em um único investimento.

Considere o Horizonte de Investimento: O horizonte de investimento é o período de tempo em que você planeja manter seus investimentos. Investimentos de longo prazo geralmente permitem assumir mais riscos, pois há mais tempo para superar flutuações de curto prazo e buscar retornos mais elevados. Para objetivos de curto prazo, como uma compra planejada a curto prazo, é mais prudente optar por investimentos de menor risco, a fim de proteger o capital.

Avalie as Relações Risco-Retorno: Analisar a relação entre risco e retorno é essencial para encontrar o equilíbrio adequado. Investimentos com maior potencial de retorno geralmente estão associados a um nível mais alto de risco. É importante avaliar se o potencial de retorno justifica os riscos envolvidos. Métricas como o índice beta, que mede a sensibilidade de um investimento em relação ao mercado, e o coeficiente de Sharpe, que relaciona o retorno excedente ao risco total, podem auxiliar nessa análise.

Ajuste sua Estratégia ao Longo do Tempo: O equilíbrio entre risco e retorno não é estático. Conforme suas circunstâncias e objetivos mudam, é importante ajustar sua estratégia de investimento. Por exemplo, à medida que você se aproxima de uma meta financeira de curto prazo, pode ser necessário reduzir o risco da carteira para proteger o capital. Periódicas revisões da carteira ajudam a manter o equilíbrio ao longo do tempo.

Encontrar o equilíbrio certo entre risco e retorno é um processo contínuo e individualizado. Não existe uma fórmula única que se aplique a todos os investidores. É necessário considerar sua situação financeira, metas, tolerância ao risco e horizonte de investimento para desenvolver uma estratégia personalizada que reflita suas necessidades e objetivos.

Capítulo 5: Construindo uma Carteira de Investimentos

Ao chegarmos ao Capítulo 5, adentramos no processo de construção de uma carteira de investimentos sólida e bem equilibrada. Uma carteira diversificada pode ajudar a maximizar o potencial de retorno e, ao mesmo tempo, gerenciar os riscos associados aos investimentos.

Neste capítulo, vamos explorar as principais etapas para construir uma carteira de investimentos eficiente. Discutiremos conceitos como alocação de ativos, diversificação e balanceamento, e como esses elementos são fundamentais para atingir seus objetivos financeiros.

Ao longo das próximas páginas, vamos mergulhar no processo de construção de uma carteira de investimentos personalizada, levando em consideração fatores como seu perfil de investidor, horizonte de investimento e tolerância ao risco. Também abordaremos estratégias de longo prazo versus estratégias de curto prazo, para que você possa tomar decisões informadas que estejam alinhadas com suas metas financeiras.

Preparado para aprender a construir uma carteira de investimentos que atenda às suas necessidades individuais? Vamos explorar as melhores práticas e estratégias para garantir que sua carteira seja diversificada, equilibrada e alinhada com seus objetivos de longo prazo.

Alocação de ativos, perfil de investidor, estratégias de longo prazo versus curto prazo e ferramentas de investimento serão abordados nas próximas seções deste capítulo.

Alocação de Ativos: Diversificação e Balanceamento

Uma parte fundamental na construção de uma carteira de investimentos bem-sucedida é a alocação de ativos. A alocação de

31

ativos envolve distribuir seus recursos financeiros entre diferentes classes de ativos, como ações, títulos, imóveis e outras formas de investimento. Essa estratégia visa equilibrar o risco e o potencial de retorno, maximizando as oportunidades de crescimento e protegendo seu capital contra perdas significativas.

A diversificação desempenha um papel crucial na alocação de ativos. Ao investir em diferentes classes de ativos, você reduz a exposição a riscos específicos e concentrações excessivas em uma única área. Por exemplo, se você tiver uma carteira composta apenas por ações de uma única empresa, estará exposto a um risco significativo caso essa empresa enfrente dificuldades financeiras. No entanto, ao diversificar seus investimentos em diferentes setores e regiões geográficas, você reduz o impacto negativo de um único evento em sua carteira.

A diversificação também pode ser alcançada dentro de cada classe de ativos. Por exemplo, ao investir em ações, você pode diversificar entre empresas de diferentes setores e tamanhos. Da mesma forma, na renda fixa, é possível diversificar entre diferentes tipos de títulos, como títulos públicos, CDBs, LCIs e LCAs. Essa diversificação permite mitigar o risco específico de um único investimento.

O balanceamento é outro aspecto importante da alocação de ativos. Ele envolve a manutenção de uma proporção equilibrada entre as diferentes classes de ativos dentro de sua carteira. Com o tempo, o desempenho de cada classe de ativos pode variar, afetando a alocação originalmente planejada. Portanto, é necessário reequilibrar sua carteira periodicamente, comprando e vendendo ativos para restaurar a alocação desejada. Essa prática ajuda a controlar o risco e a aproveitar as oportunidades de crescimento em diferentes áreas do mercado.

A alocação de ativos é uma estratégia contínua, pois seus objetivos financeiros e as condições do mercado podem mudar ao longo do tempo. Portanto, é importante revisar regularmente sua alocação de ativos e fazer ajustes conforme necessário. Essa prática garante que sua carteira permaneça alinhada com seus objetivos e que você esteja aproveitando as melhores oportunidades de investimento disponíveis.

Definindo seu Perfil de Investidor

Definir seu perfil de investidor é um passo importante para construir uma carteira de investimentos adequada às suas necessidades e objetivos financeiros. Seu perfil de investidor reflete sua tolerância ao risco, sua capacidade financeira e suas preferências pessoais em relação aos investimentos. Existem três perfis de investidor comumente reconhecidos:

Os Investidores conservadores têm uma baixa tolerância ao risco e priorizam a preservação do capital. Eles buscam investimentos de menor risco, como títulos de renda fixa, que oferecem retornos mais estáveis e previsíveis. Os investidores conservadores geralmente preferem evitar flutuações significativas de curto prazo e estão dispostos a aceitar retornos potencialmente menores em troca de maior segurança.

Também tem os investidores moderados têm uma tolerância moderada ao risco. Eles estão dispostos a assumir uma certa quantidade de risco em busca de retornos mais elevados, mas ainda valorizam a preservação do capital. Esses investidores geralmente têm uma abordagem equilibrada, diversificando suas carteiras com uma combinação de investimentos de renda fixa e renda variável. Eles buscam um equilíbrio entre a estabilidade e o potencial de crescimento.

E por fim tem os investidores agressivos têm uma alta tolerância ao risco e estão dispostos a assumir riscos significativos em busca de retornos mais elevados. Eles são mais propensos a investir em ativos de renda variável, como ações e fundos imobiliários, que podem apresentar maior volatilidade, mas também oferecem maior potencial de crescimento. Os investidores agressivos estão dispostos a aceitar flutuações de curto prazo em troca de ganhos a longo prazo.

É importante ressaltar que o perfil de investidor não é fixo e pode mudar ao longo do tempo. À medida que suas circunstâncias financeiras, objetivos e tolerância ao risco evoluem, seu perfil de investidor pode ser ajustado.

Para definir seu perfil de investidor, é necessário considerar vários fatores:

- Objetivos financeiros: Avalie seus objetivos financeiros de curto, médio e longo prazo. Determine se você está buscando crescimento de capital, renda estável, proteção contra a inflação ou uma combinação deles.

- Tolerância ao risco: Analise sua capacidade de lidar com a volatilidade do mercado e as perdas potenciais. Considere sua estabilidade financeira, horizonte de investimento e capacidade de suportar flutuações de curto prazo.

- Conhecimento e experiência: Considere seu nível de conhecimento e experiência em investimentos. Investidores com mais conhecimento podem estar dispostos a assumir riscos adicionais em determinadas áreas.

- Preferências pessoais: Leve em consideração suas preferências pessoais, como valores éticos, interesses específicos ou objetivos sociais. Isso pode influenciar sua escolha de investimentos e estratégias.

Ao combinar esses fatores, você poderá identificar seu perfil de investidor e alinhar suas decisões de investimento com suas necessidades e objetivos específicos. Lembre-se de que buscar orientação profissional, como um consultor financeiro, pode ajudar a avaliar e definir seu perfil de investidor de forma mais precisa.

Além disso, é importante mencionar que na maioria das corretoras de valores, ao abrir uma conta de investimento, é comum realizar um teste de perfil de investidor. Esse teste tem como objetivo avaliar sua tolerância ao risco, conhecimento de investimentos e objetivos financeiros. Com base nas respostas fornecidas, a corretora classifica seu perfil como conservador, moderado ou agressivo, auxiliando na sugestão de produtos e estratégias de investimento mais adequados para você.

Uma corretora de valores é uma instituição financeira especializada em intermediar operações de compra e venda de títulos e valores mobiliários, como ações, títulos de renda fixa, fundos de investimento, entre outros. Ela atua como intermediária entre o investidor e o mercado financeiro, fornecendo acesso a diversas opções de investimento e facilitando as transações.

As corretoras de valores oferecem serviços como abertura de contas, execução de ordens de compra e venda, fornecimento de informações e análises de mercado, além de orientação e suporte aos investidores. Por meio das plataformas online das corretoras, os investidores podem monitorar suas posições, realizar operações e obter informações relevantes para tomar decisões de investimento.

Ao realizar o teste de perfil de investidor em uma corretora, você contribui para que a instituição entenda melhor suas preferências, restrições e objetivos. Dessa forma, eles podem oferecer recomendações personalizadas e orientações que estejam alinhadas com seu perfil e necessidades, auxiliando-o a tomar decisões mais conscientes e adequadas em relação aos seus investimentos. Lembrando que, mesmo com o teste de perfil de investidor, é essencial que você também faça uma análise pessoal de seus objetivos, tolerância ao risco e conhecimento sobre investimentos. É importante entender que seu perfil de investidor é uma diretriz, mas não deve limitar sua capacidade de aprender e evoluir no mundo dos investimentos. A educação financeira contínua e a busca por informações relevantes são fundamentais para o sucesso em sua jornada de investimentos.

Estratégias de Longo Prazo vs. Curto Prazo: Investindo para o Futuro
Quando se trata de investimentos, existem duas principais

abordagens: estratégias de longo prazo e estratégias de curto prazo. Cada uma dessas estratégias tem suas características distintas e pode atender a diferentes perfis de investidores. Vamos explorar as diferenças entre elas e destacar os benefícios de investir para o longo prazo.

Estratégias de Longo Prazo: As estratégias de longo prazo envolvem a compra e manutenção de investimentos por um período prolongado, geralmente medido em anos ou décadas. Essa abordagem é baseada na crença de que, ao longo do tempo, os investimentos têm maior probabilidade de gerar retornos consistentes e significativos. Alguns dos principais benefícios das estratégias de longo prazo incluem:

- Crescimento do capital: Investir para o longo prazo permite que você aproveite o poder dos juros compostos. Ao reinvestir os rendimentos obtidos e permitir que seu capital cresça ao longo do tempo, você pode potencialmente alcançar resultados expressivos.

- Redução do impacto da volatilidade: Investindo para o longo prazo, você está menos exposto às flutuações de curto prazo do mercado. Ao manter seus investimentos por um período mais longo, você pode superar as oscilações do mercado e mitigar os efeitos negativos da volatilidade.

- Aproveitamento de ciclos econômicos: No longo prazo, as economias passam por ciclos de expansão e retração. Ao manter seus investimentos por um período mais longo, você pode se beneficiar dos momentos de crescimento econômico, permitindo que seus investimentos se valorizem.

No entanto, é importante ter em mente que as estratégias de longo prazo exigem paciência e disciplina. É essencial selecionar investimentos sólidos e fazer uma análise cuidadosa antes de tomar decisões. Além disso, é recomendável revisar periodicamente sua carteira de investimentos e fazer ajustes conforme necessário para manter-se alinhado com seus objetivos financeiros.

Estratégias de Curto Prazo: As estratégias de curto prazo envolvem a compra e venda rápida de investimentos com o objetivo de aproveitar oportunidades de curto prazo. Essa abordagem geralmente se baseia em análises técnicas, eventos de mercado e flutuações de preços de curto prazo. Alguns dos principais benefícios das estratégias de curto prazo incluem:

- Potencial de lucros rápidos: Com a negociação frequente e a identificação de tendências de curto prazo, é possível buscar ganhos rápidos em momentos específicos do mercado.

- Flexibilidade: As estratégias de curto prazo oferecem maior flexibilidade para ajustar sua carteira de investimentos de acordo com as condições do mercado em constante mudança.

No entanto, é importante estar ciente de que as estratégias de curto prazo podem ser mais arriscadas e exigem um conhecimento mais aprofundado do mercado financeiro. A negociação frequente pode levar a custos mais altos, como comissões de corretagem, e a pressão emocional para tomar decisões rápidas pode levar a erros. Além disso, é necessário um maior monitoramento e acompanhamento constante do mercado, o que pode demandar tempo e esforço consideráveis.

É válido ressaltar que, embora as estratégias de curto prazo possam oferecer oportunidades emocionantes, investir para o longo prazo tende a ser uma abordagem mais estável e recompensadora. Investir para o longo prazo permite que você aproveite os benefícios do crescimento composto, reduza o impacto da volatilidade e aproveite ciclos econômicos favoráveis. Ao adotar uma mentalidade de longo prazo, você pode construir um patrimônio sólido e alcançar seus objetivos financeiros ao longo do tempo.

Capítulo 6: Principais ferramentas e plataformas de investimento

No mundo dos investimentos, contar com as ferramentas certas pode fazer toda a diferença na sua jornada como investidor. Com o avanço da tecnologia, surgiram diversas plataformas e ferramentas que facilitam o acesso ao mercado financeiro e oferecem recursos para ajudá-lo a tomar decisões informadas. Neste capítulo, vamos explorar algumas das principais ferramentas e plataformas de investimento disponíveis atualmente.

O Home Broker é uma plataforma online oferecida pelas corretoras de valores que permite a compra e venda de ativos financeiros, como ações, títulos de renda fixa e fundos de investimento. Através do Home Broker, você pode visualizar cotações em tempo real, enviar ordens de compra e venda, acompanhar o desempenho de seus investimentos e acessar relatórios e informações relevantes para sua tomada de decisão.

Existem diversas plataformas que fornecem análises e pesquisas sobre o mercado financeiro, empresas e produtos de investimento. Essas ferramentas oferecem dados, gráficos, relatórios e insights que podem ajudá-lo a entender melhor o desempenho passado e potencial futuro de um investimento. Além disso, elas podem fornecer análises fundamentais e técnicas para embasar suas decisões de investimento.

Os calendários econômicos são ferramentas que acompanham eventos econômicos e anúncios relevantes que podem impactar o mercado financeiro. Eles fornecem informações sobre datas e horários de divulgação de indicadores econômicos, anúncios de bancos centrais, resultados de empresas e outros eventos que podem afetar os preços dos ativos. Essas ferramentas podem ajudá-lo a se manter informado e tomar decisões mais embasadas.

Simuladores de investimento são ferramentas que permitem que você teste diferentes estratégias de investimento sem usar dinheiro real. Eles simulam o mercado financeiro e permitem que você faça negociações virtuais para entender como suas decisões afetariam seu portfólio. Os simuladores são ótimas ferramentas para aprender, ganhar experiência e testar diferentes abordagens antes de investir com dinheiro real.

Essas são apenas algumas das ferramentas e plataformas disponíveis no mercado financeiro. Cada uma delas tem suas características e recursos específicos, e é importante explorar e encontrar aquelas que melhor atendam às suas necessidades e estilo de investimento. Lembre-se de que essas ferramentas são auxiliares e não substituem a sua própria análise e tomada de decisão.

Corretoras de valores e suas características
Corretoras de valores são instituições financeiras que atuam como intermediárias entre os investidores e o mercado financeiro. Elas oferecem serviços e plataformas que permitem que os investidores comprem e vendam diversos tipos de ativos financeiros, como ações, títulos de renda fixa, fundos de investimento, entre outros.

As corretoras de valores desempenham um papel fundamental ao proporcionar acesso ao mercado financeiro, fornecer informações e suporte técnico, e executar as ordens de compra e venda dos investidores. Cada corretora pode ter características e serviços específicos, e é importante conhecer essas diferenças antes de escolher com qual corretora abrir uma conta. A seguir, listamos algumas das características comuns das corretoras de valores:

- Plataformas de negociação: As corretoras oferecem plataformas de negociação, como o Home Broker, que permitem aos investidores realizar transações de compra e venda de ativos financeiros de forma online. Essas plataformas geralmente fornecem cotações em tempo real, gráficos, ferramentas de análise técnica, histórico de negociações e outras funcionalidades para auxiliar o investidor nas suas operações.

- Diversidade de ativos: As corretoras oferecem uma variedade de ativos financeiros para investimento, como ações de empresas, títulos públicos, títulos privados de renda fixa, fundos de investimento, entre outros. Essa diversidade permite que os investidores escolham os ativos que melhor se adequem aos seus objetivos e estratégias de investimento.

- Custos e taxas: As corretoras cobram taxas e comissões pelos serviços prestados. Essas taxas podem variar de corretora para corretora e dependem do tipo de operação realizada. É importante considerar os custos envolvidos ao escolher uma corretora, pois eles podem impactar os retornos dos investimentos.

- Suporte ao cliente: As corretoras oferecem suporte ao cliente para auxiliar os investidores em suas operações e esclarecer dúvidas. Esse suporte pode ser fornecido por meio de atendimento telefônico, chat online, e-mail ou até mesmo presencialmente em algumas corretoras.

- Pesquisa e análises: Algumas corretoras disponibilizam relatórios, análises e recomendações de investimento elaboradas por suas equipes de pesquisa. Essas informações podem ser úteis para auxiliar os investidores em suas decisões de investimento, mas é importante lembrar que a responsabilidade final pela tomada de decisão é do próprio investidor.

Ao escolher uma corretora de valores, é recomendável considerar fatores como a reputação da instituição, a qualidade das plataformas oferecidas, os custos envolvidos, o suporte ao cliente e a diversidade de ativos disponíveis. Cada investidor tem suas preferências e necessidades específicas, por isso é importante avaliar esses aspectos antes de tomar uma decisão.

As corretoras de valores são instituições regulamentadas e supervisionadas por órgãos governamentais, como a Comissão de Valores Mobiliários (CVM) no Brasil. A CVM é responsável por regular e fiscalizar o mercado de valores mobiliários, incluindo as atividades das corretoras. Essa supervisão tem como objetivo garantir a segurança e a transparência das operações realizadas no mercado financeiro.

Além da fiscalização da CVM, as corretoras de valores também estão sujeitas a controles e regulamentações adicionais, incluindo auditorias e requisitos de compliance. Essas medidas visam proteger os investidores e assegurar que as corretoras operem de acordo com as regras estabelecidas.

Aplicativos de investimento

São plataformas móveis que permitem que os investidores acessem e gerenciem seus investimentos diretamente por meio de seus dispositivos móveis, como smartphones e tablets. Essas ferramentas têm se tornado cada vez mais populares devido à sua conveniência, facilidade de uso e acessibilidade.

Esses aplicativos oferecem uma série de recursos e funcionalidades que permitem aos investidores acompanhar o mercado financeiro, realizar transações, acessar informações sobre seus investimentos e até mesmo receber recomendações de investimento. Eles fornecem uma interface intuitiva e amigável, permitindo que investidores iniciantes e experientes operem no mercado com facilidade.

Um dos principais benefícios dos aplicativos de investimento é a possibilidade de acessar informações em tempo real sobre os ativos financeiros, como cotações atualizadas, gráficos de desempenho e notícias relevantes. Isso permite que os investidores acompanhem de perto seus investimentos e tomem decisões informadas com base nas informações disponíveis.

Além disso, os aplicativos de investimento também oferecem recursos de análise e ferramentas de pesquisa, permitindo que os investidores realizem análises técnicas, acompanhem o desempenho histórico de ativos e até mesmo simulem estratégias de investimento. Outra vantagem dos aplicativos de investimento é a facilidade de realização de transações. Os investidores podem comprar e vender ativos financeiros com apenas alguns toques na tela de seus dispositivos móveis, sem a necessidade de acessar um computador ou entrar em contato com uma corretora por telefone.

Esses aplicativos também oferecem recursos de segurança, como autenticação de dois fatores e criptografia de dados, para proteger as informações e as transações dos investidores. No entanto, é importante destacar que, embora os aplicativos de investimento sejam uma ferramenta útil para acompanhar e gerenciar seus investimentos, é essencial manter-se informado e educado sobre os conceitos básicos de investimento. Os aplicativos não substituem a necessidade de pesquisa e análise adequada antes de tomar decisões de investimento.

Antes de utilizar um aplicativo de investimento, é recomendável pesquisar sobre a reputação e a confiabilidade da empresa por trás do aplicativo. Verifique se a empresa é regulamentada pelos órgãos competentes e se possui uma boa reputação no mercado. Cada aplicativo de investimento pode ter suas características e funcionalidades específicas, portanto, é importante testar diferentes opções e encontrar aquela que melhor atenda às suas necessidades e preferências.

Lembre-se de que investir envolve riscos, e é importante entender os riscos associados a cada investimento e ter uma estratégia adequada de acordo com seus objetivos e perfil de investidor. Utilize os aplicativos de investimento como ferramentas para auxiliar seu processo de tomada de decisão, mas sempre mantenha-se informado e consulte profissionais qualificados quando necessário. Os aplicativos de investimento oferecem uma nova maneira de acessar e gerenciar seus investimentos, tornando o mercado financeiro mais acessível e conveniente para investidores de todos os níveis de experiência.

Robo-advisors e gestão automatizada

Esses tipos de robos-advisors e a gestão automatizada têm ganhado destaque como alternativas inovadoras no mundo dos investimentos. Essas ferramentas combinam tecnologia avançada e algoritmos para oferecer serviços de consultoria e gerenciamento de carteiras de investimento de forma automatizada.

Os robo-advisors são plataformas online que utilizam algoritmos para analisar dados financeiros, perfil de investidor e metas de investimento dos clientes. Com base nessas informações, eles sugerem uma carteira de investimentos diversificada e ajustada às necessidades individuais de cada investidor.

Uma das principais vantagens dos robo-advisors é a automatização do processo de tomada de decisão. Isso permite que investidores iniciantes ou com menos conhecimento do mercado possam acessar serviços de consultoria financeira a preços mais acessíveis, além de contar com uma gestão contínua e atualizada de suas carteiras. Os robo-advisors podem oferecer uma série de benefícios, como a diversificação de investimentos, a redução de custos e a minimização de erros emocionais na tomada de decisão. Eles também podem fornecer acesso a estratégias de investimento sofisticadas, que normalmente estariam disponíveis apenas para investidores institucionais.

No entanto, é importante destacar que, assim como em qualquer setor, existem golpes e fraudes relacionados aos robôs de investimento. Alguns golpistas podem se aproveitar da popularidade e do interesse dos investidores por essa tecnologia, oferecendo robôs fraudulentos ou esquemas de enriquecimento rápido. É fundamental que os investidores sejam cautelosos ao considerar a contratação de serviços de robôs de investimento. Pesquisar e verificar a reputação da empresa por trás do robô, assim como sua regulamentação e histórico de atuação, é essencial para evitar fraudes.

Lembre-se de que os robôs de investimento legítimos e confiáveis não prometem retornos exorbitantes ou garantem resultados sem riscos. Investir sempre envolve riscos, e é necessário entender os princípios básicos dos investimentos antes de confiar seu dinheiro a qualquer plataforma ou serviço.

Ao considerar o uso de robo-advisors ou gestão automatizada, é importante realizar uma pesquisa cuidadosa, ler análises independentes e buscar recomendações confiáveis. Consultar profissionais qualificados, como consultores financeiros ou assessores de investimento, também pode ajudar a tomar decisões informadas.

Capítulo 7: Educação financeira e recursos adicionais

No mundo dos investimentos, a educação financeira desempenha um papel fundamental. Quanto mais conhecimento e habilidades você adquirir, melhor preparado estará para tomar decisões inteligentes e alcançar seus objetivos financeiros. Neste capítulo, exploraremos a importância da educação financeira e apresentaremos recursos adicionais para ajudar no seu desenvolvimento como investidor.

A importância da educação financeira

A educação financeira é a base sólida para uma jornada bem-sucedida no mundo dos investimentos. Ela permite que você compreenda os conceitos e estratégias necessários para tomar decisões informadas e conscientes. Ao entender os princípios financeiros básicos, você poderá gerenciar seu dinheiro com mais eficiência, evitar armadilhas financeiras e construir um futuro financeiro mais estável.

Recursos adicionais para aprender e se atualizar

- Livros, blogs e podcasts recomendados: Existem inúmeros recursos disponíveis, como livros, blogs e podcasts, que oferecem uma riqueza de informações sobre investimentos e finanças pessoais. Recomenda-se a leitura de livros escritos por especialistas renomados no assunto e a exploração de blogs e podcasts relevantes para se manter atualizado sobre as últimas tendências e estratégias.

- Cursos e workshops de investimentos: Participar de cursos e workshops específicos sobre investimentos pode proporcionar um conhecimento mais aprofundado sobre diferentes aspectos do mercado financeiro. Essas oportunidades de aprendizado fornecem insights valiosos e podem ajudar a aprimorar suas habilidades de análise, gestão de riscos e tomada de decisões.

- A importância de estar sempre aprendendo e se atualizando: Os mercados financeiros estão em constante evolução, e é crucial que os investidores acompanhem as mudanças e se adaptem a elas. Ficar atualizado sobre as tendências, regulamentações e eventos econômicos ajuda a tomar decisões mais fundamentadas e a ajustar suas estratégias de investimento de acordo com as condições do mercado.

Investir em educação financeira é um investimento em si mesmo. Quanto mais você aprender sobre finanças pessoais e investimentos, mais confiante se sentirá ao tomar decisões e gerenciar sua carteira de investimentos. Utilize os recursos adicionais mencionados neste capítulo para expandir seu conhecimento e aprimorar suas habilidades como investidor. Lembre-se de que a educação financeira é um processo contínuo e que estar sempre aberto a aprender e se atualizar é fundamental para alcançar o sucesso financeiro a longo prazo.

Agora que estabelecemos a importância da educação financeira e introduzimos os recursos adicionais disponíveis, os próximos tópicos explorarão com mais detalhes cada um desses recursos, fornecendo recomendações específicas e insights valiosos para ajudar no seu desenvolvimento como investidor.

Dicas de Livros, Blogs e Podcasts Recomendados

Livros:
- "Pai Rico, Pai Pobre" - Robert T. Kiyosaki: Um clássico da literatura financeira, esse livro explora a importância da educação financeira e apresenta conceitos fundamentais para alcançar a independência financeira.

- "O Investidor Inteligente" - Benjamin Graham: Escrito por um renomado investidor, esse livro é uma leitura essencial para aqueles que desejam entender os princípios básicos da análise de investimentos e desenvolver uma mentalidade de longo prazo.

- "O Homem Mais Rico da Babilônia" - George S. Clason: Baseado em parábolas antigas, esse livro oferece lições valiosas sobre como administrar as finanças pessoais e construir riqueza ao longo do tempo.

Blogs:
- Bastter.com: Um blog brasileiro que oferece uma abordagem prática e direta sobre investimentos. Nele, você encontrará insights valiosos sobre renda fixa, renda variável e estratégias de investimento.

- Me Poupe!: Criado pela especialista em finanças Nathalia Arcuri, esse blog aborda de forma descontraída e acessível diversos temas financeiros, incluindo investimentos, planejamento financeiro e dicas para economizar dinheiro.

- Valor Investe: Blog do jornal Valor Econômico, o Valor Investe é uma fonte confiável de informações sobre investimentos. Ele oferece notícias atualizadas, análises de mercado e artigos informativos escritos por especialistas do setor financeiro.

Podcasts:
- Café da Manhã: Produzido pela Folha de S.Paulo, esse podcast diário traz análises e debates sobre os principais acontecimentos econômicos e políticos que podem impactar os investimentos.

- Investimentos Inteligentes: Apresentado por Gustavo Cerbasi, autor renomado na área financeira, esse podcast oferece insights e dicas práticas sobre como investir de forma inteligente e alcançar a independência financeira.

- NerdCast - Finanças: O NerdCast é um podcast conhecido por abordar diversos temas, e em seus episódios sobre finanças, eles discutem desde conceitos básicos até estratégias avançadas de investimento, tornando o assunto acessível a todos.

Lembre-se de que essas são apenas algumas sugestões, e a escolha dos livros, blogs e podcasts depende dos seus interesses pessoais e das áreas específicas que você deseja aprofundar. Explore esses recursos adicionais e aproveite o vasto conhecimento disponível para expandir sua educação financeira e aprimorar suas habilidades como investidor.

Sites de analises de investimentos

Existem várias opções de sites que oferecem ferramentas e análises para auxiliar na tomada de decisões de investimento. Aqui estão alguns sites populares que podem ser úteis:

Fundamentus (www.fundamentus.com.br): Esse site brasileiro permite acessar informações fundamentais das empresas listadas na bolsa, como indicadores financeiros, balanços, demonstrativos de resultados e muito mais.

Investing.com (www.investing.com): Um site abrangente que oferece uma ampla gama de recursos, incluindo cotações de mercado em tempo real, notícias financeiras, análises técnicas, calendário econômico e ferramentas de análise de portfólio.

Yahoo Finanças (finance.yahoo.com): Um site popular que fornece cotações em tempo real, notícias financeiras, gráficos interativos, análises de empresas e ferramentas de rastreamento de portfólio.

Morningstar (www.morningstar.com): Esse site é conhecido por suas análises detalhadas de fundos de investimento, incluindo informações sobre desempenho passado, alocação de ativos, taxas e muito mais.

B3 (www.b3.com.br): O site oficial da bolsa de valores brasileira oferece informações sobre as empresas listadas, cotações de ações, notícias e eventos relevantes do mercado.

TradingView (www.tradingview.com): Uma plataforma online para análise técnica, que fornece gráficos interativos, indicadores personalizáveis, análises de especialistas e a possibilidade de compartilhar ideias e estratégias com outros investidores.

Lembre-se de que esses sites são apenas ferramentas e recursos adicionais, e é importante realizar sua própria pesquisa e análise antes de tomar decisões de investimento. Além disso, verifique sempre a confiabilidade e a reputação dos sites que você utiliza, bem como as fontes de dados utilizadas.

A Importância de Estar Sempre Aprendendo e se Atualizando
No mundo dos investimentos, a aprendizagem contínua e a atualização constante são fundamentais para se tornar um investidor bem-sucedido. Os mercados financeiros estão em constante evolução, e novas estratégias, produtos e oportunidades surgem regularmente. Por isso, é crucial estar atualizado e preparado para se adaptar a essas mudanças.

Aprendendo continuamente sobre investimentos, você adquire conhecimentos e ferramentas para tomar decisões mais informadas. Compreender os diferentes tipos de investimentos, as estratégias de gestão de risco e retorno, e a análise de mercado permite que você tome decisões mais fundamentadas e reduza os riscos associados aos investimentos.

A educação financeira contínua permite que você esteja atento a novas oportunidades de investimento. Ao se manter atualizado sobre as tendências do mercado, setores em crescimento e inovações financeiras, você pode identificar ativos promissores e diversificar sua carteira de investimentos.

O aprendizado constante ajuda a entender melhor os riscos associados aos investimentos. Você aprende a avaliar e gerenciar os riscos, implementando estratégias de diversificação, alocação de ativos e gerenciamento de perdas. Isso é essencial para proteger seu capital e buscar retornos consistentes ao longo do tempo.

As condições econômicas e regulatórias estão em constante mudança, e essas mudanças podem afetar os investimentos. Ao estar 49 atualizado sobre as mudanças nos mercados, políticas governamentais e regulamentações financeiras, você pode se antecipar às mudanças e ajustar sua estratégia de investimento de acordo.

O conhecimento financeiro ajuda a identificar armadilhas e fraudes financeiras. Infelizmente, existem golpes e esquemas fraudulentos no mercado, e a educação financeira pode ajudá-lo a reconhecê-los e evitá-los. Ao estar ciente das práticas legítimas e das melhores práticas de investimento, você pode proteger seu patrimônio de possíveis golpes.

O aprendizado contínuo no campo dos investimentos não apenas melhora suas habilidades financeiras, mas também contribui para seu crescimento pessoal e empoderamento. Ao adquirir conhecimento financeiro, você se torna mais confiante em relação às suas decisões de investimento e se sente mais capacitado para tomar controle de sua vida financeira.

Portanto, dedique-se a uma mentalidade de aprendizado contínuo. Leia livros, acompanhe blogs e podcasts, participe de cursos e workshops e esteja sempre em busca de novos conhecimentos sobre investimentos. A educação financeira é um investimento em si mesmo, que pode trazer retornos significativos ao longo de sua jornada como investidor.

Capítulo 8: Considerações Finais

Ao longo deste ebook, exploramos os fundamentos dos investimentos, desde a importância de investir até a construção de uma carteira diversificada. Discutimos os diferentes tipos de investimentos, avaliação de risco e retorno, estratégias de investimento e ferramentas disponíveis para os investidores.

Recapitulando os pontos-chave
Neste ebook, exploramos uma variedade de tópicos relacionados a investimentos para iniciantes. Recapitulando os pontos-chave abordados:

- A importância de investir: Investir é fundamental para alcançar objetivos financeiros de longo prazo e construir riqueza ao longo do tempo.

- Princípios básicos dos investimentos: A compreensão dos conceitos fundamentais, como risco, retorno e diversificação, é essencial para tomar decisões informadas de investimento.

- Definindo objetivos financeiros: Estabelecer metas financeiras realistas, identificar prazos e valores-alvo e compreender a importância da diversificação são etapas cruciais para uma estratégia de investimento bem-sucedida.

- Avaliação de risco e retorno: Compreender o conceito de risco, analisar o retorno esperado e encontrar o equilíbrio certo entre risco e retorno são elementos-chave na construção de uma carteira de investimentos sólida.

- Construindo uma carteira de investimentos: A alocação de ativos, a definição do perfil de investidor e a escolha de estratégias de longo prazo são elementos fundamentais para a construção de uma carteira diversificada e adequada às suas necessidades.

- Principais ferramentas e plataformas de investimento: Corretoras de valores, aplicativos de investimento, robo-advisors e gestão automatizada são recursos essenciais que podem facilitar o processo de investimento.

- Educação financeira e recursos adicionais: A educação contínua, por meio de livros, blogs, podcasts, cursos e análise de investimentos, é crucial para aprimorar seus conhecimentos financeiros e tomar decisões informadas.

- Considerações finais: Paciência, disciplina e consultoria profissional são elementos importantes para uma jornada de investimento bem-sucedida. Além disso, é essencial ter em mente que não existe uma fórmula mágica para o enriquecimento rápido e que é necessário manter uma abordagem de longo prazo.

Ao adotar uma abordagem informada, consciente e disciplinada para investir, você estará no caminho certo para alcançar seus objetivos financeiros e construir uma base sólida para o futuro.

Encorajando a ação e o início dos investimentos
Agora que você adquiriu conhecimentos sobre investimentos e entendeu os principais conceitos e estratégias, é hora de dar o próximo passo e iniciar sua jornada como investidor. Não deixe o medo ou a indecisão te impedirem de agir.

Lembre-se de que investir é um processo contínuo de aprendizado e evolução. Não espere ter todo o conhecimento ou recursos disponíveis antes de começar. O importante é dar o primeiro passo e começar a investir, mesmo que seja com uma quantia pequena.

Ao começar, é normal sentir-se um pouco desconfortável ou inseguro. A volatilidade do mercado e as flutuações nos retornos são parte integrante do processo de investimento. No entanto, é importante ter em mente que o crescimento e os benefícios a longo prazo superam os desafios e as incertezas de curto prazo.

Mantenha-se informado e atualizado sobre as tendências do mercado, acompanhe seus investimentos regularmente e faça ajustes conforme necessário. Não se esqueça de que a diversificação é fundamental para reduzir riscos e maximizar oportunidades de crescimento. Considere a possibilidade de buscar orientação profissional, caso sinta a necessidade de um suporte mais especializado.

Lembre-se também de que investir é uma jornada pessoal e única. Seus objetivos, necessidades e tolerância ao risco podem ser diferentes dos outros. Portanto, evite comparar seus resultados com os de outras pessoas. Foque em sua própria estratégia e mantenha-se fiel a ela.

Por fim, nunca pare de aprender e se educar financeiramente. Aprenda com seus sucessos e fracassos, busque conhecimento adicional e esteja aberto a novas oportunidades e desafios. O mundo dos investimentos está em constante evolução, e é importante estar atualizado para tomar decisões informadas.

Então, não espere mais! Dê o primeiro passo, coloque seu conhecimento em prática e comece a investir. Lembre-se de que cada investimento é uma oportunidade de crescimento e construção de um futuro financeiro sólido. Não perca tempo e embarque nessa jornada emocionante de construção de riqueza e realização de sonhos. O futuro financeiro que você deseja está ao seu alcance.

Alerta sobre promessas de enriquecimento rápido

Quero fazer um alerta importante antes de encerrarmos esta jornada. É crucial que você esteja ciente de que promessas de enriquecimento rápido e fórmulas mágicas para ganhar dinheiro fácil geralmente são enganosas e, na maioria das vezes, inverídicas. (Não caia nessa armadilha tentadora que pode prejudicar suas finanças).

Investir é um processo que requer tempo, paciência e disciplina. Embora seja possível obter retornos expressivos com investimentos,

53

é importante entender que o crescimento e a construção de riqueza são resultados de estratégias consistentes e bem planejadas, em vez de soluções rápidas e mirabolantes.

Tenha cuidado com propagandas ou pessoas que prometem retornos astronômicos em um curto período de tempo, sem nenhum risco ou esforço. Lembre-se de que todo investimento envolve algum grau de risco e incerteza. O sucesso financeiro duradouro é resultado de um planejamento sólido, disciplina e uma abordagem de longo prazo. Ao longo deste livro, você aprendeu sobre a importância de estabelecer metas realistas, diversificar seus investimentos, compreender os riscos e retornos, e construir uma carteira equilibrada. Esses são os princípios básicos que fundamentam uma estratégia de investimento sólida e sustentável.

Portanto, evite se deixar levar por promessas de enriquecimento rápido. Mantenha-se focado em seus objetivos de longo prazo, seja paciente e esteja disposto a aprender e evoluir. Lembre-se de que a construção de riqueza é um processo gradual e contínuo, e cada passo que você dá em direção aos seus objetivos financeiros é uma conquista significativa. Esteja atento às fraudes e esquemas fraudulentos que podem surgir no mundo dos investimentos. Tome precauções, pesquise e busque informações confiáveis antes de tomar decisões.

Aviso legal e responsabilidade do leitor

Antes de concluirmos esta obra, é importante abordar o aviso legal e a responsabilidade do leitor em relação às informações apresentadas neste livro.

O conteúdo fornecido ao longo deste livro tem o objetivo de ser educativo e informativo. No entanto, é fundamental ressaltar que não se trata de aconselhamento financeiro ou recomendação de investimento específico. Cada pessoa tem circunstâncias financeiras únicas e é responsável por tomar suas próprias decisões financeiras com base em sua situação individual.

Embora tenham sido feitos esforços para garantir a precisão e a atualidade das informações fornecidas, não há garantia de que todas as informações estejam livres de erros ou sejam completas.

É importante lembrar que o mercado financeiro está sujeito a mudanças e flutuações, e os resultados passados não garantem resultados futuros.

Portanto, ao prosseguir com a leitura e utilizar as informações fornecidas neste livro, o leitor concorda em assumir total responsabilidade por suas decisões financeiras e investimentos, isentando o autor, a editora e qualquer pessoa associada à criação e distribuição deste livro de qualquer responsabilidade por quaisquer perdas ou danos.

Reforçamos a importância de buscar conhecimento adicional, atualizar-se continuamente e estar ciente dos riscos envolvidos. A educação financeira é um processo contínuo e, ao investir de forma consciente e informada, você estará melhor preparado para alcançar seus objetivos financeiros a longo prazo.

AGRADECIMENTO

Gostaria de expressar meus sinceros agradecimentos e reconhecimento a algumas pessoas importantes que fizeram parte da minha jornada como autor deste livro.

Em primeiro lugar, agradeço a Deus por me guiar e me inspirar em todas as etapas da minha vida, incluindo a escrita deste livro. Sua sabedoria e orientação foram fundamentais para que eu pudesse compartilhar meus conhecimentos e experiências com os leitores.

Quero expressar minha gratidão ao meu pai, que sempre me apoiaram em todas as minhas empreitadas e perseguir meus sonhos.

Gostaria de fazer um agradecimento especial a Davino Neto, que, na época em que eu vendia doces na rua, gentilmente me deu seu livro que despertou minha paixão pela escrita. Sua generosidade e exemplo deixaram uma marca profunda em mim, motivando-me a compartilhar meu próprio conhecimento e experiência por meio deste livro.

Não posso deixar de mencionar minha mãe, que sempre me incentivou a explorar minha criatividade e expressar meus pensamentos por meio da escrita. Seu apoio constante e crença em mim foram fundamentais para que eu pudesse concluir este projeto.

A todos aqueles que contribuíram de alguma forma para a realização deste livro, meu mais profundo agradecimento. Seja por seu encorajamento, inspiração ou suporte, cada um de vocês teve um papel significativo nesta jornada.

Que este ebook possa alcançar e beneficiar muitos leitores, inspirando-os a tomar ações positivas em relação aos seus investimentos e alcançar a liberdade financeira. Mais uma vez, a todos vocês, meu sincero agradecimento.

CREDITOS

Gostaríamos de agradecer ao leitor por acompanhar este ebook sobre investimentos para iniciantes. Esperamos que as informações apresentadas tenham sido úteis e esclarecedoras para você.

Se você deseja obter mais conteúdo sobre finanças pessoais, investimentos e educação financeira, convidamos você a nos seguir no Instagram. Você pode encontrar-nos em @andre.oliveira.oficial, onde compartilhamos dicas, insights e informações adicionais sobre o mundo dos investimentos

Além disso, nossa página no Instagram é um espaço onde você pode interagir, fazer perguntas e compartilhar suas experiências financeiras. Estamos aqui para apoiá-lo em sua jornada financeira e responder a quaisquer dúvidas que você possa ter.

Agradecemos novamente pela leitura deste livro e pela confiança depositada em nós. Desejamos sucesso em seus investimentos e uma vida financeira próspera. Não se esqueça de nos seguir no Instagram para continuar aprendendo e se atualizando nas áreas de investimentos e finanças. Siga-nos em @andre.oliveira.oficial e faça parte da nossa comunidade financeira. Estamos ansiosos para conectar com você!

www.ingramcontent.com/pod-product-compliance
Lightning Source LLC
Chambersburg PA
CBHW070853220526
45466CB00005B/1979